AF464260

DES CRIMES
DE BUONAPARTE
ET DE SES ADHÉRENS.

CET OUVRAGE SE TROUVE AUSSI AU DÉPÔT
DE MA LIBRAIRIE,

Palais-Royal, galeries de bois, nos 265 et 266.

DES CRIMES
DE BUONAPARTE
ET DE SES ADHÉRENS.

PAR F. T. D***.

PARIS,
J. G. DENTU, IMPRIMEUR-LIBRAIRE,
Rue du Pont de Lodi, n° 3, près le Pont-Neuf.
1815.

DES CRIMES
DE BUONAPARTE
ET DE SES ADHÉRENS.

CHAPITRE PREMIER.

Des illusions qui ont pu séduire beaucoup de Français, et donner des partisans à Buonaparte.

De toutes les calamités qui affligent la France, la plus grande, à mes yeux, est l'erreur ou l'aveuglement d'un assez grand nombre de Français pour qui Buonaparte est encore une idole. L'historien impartial ne sera pas peu embarrassé, dans 40 ou 50 ans, lorsqu'il voudra assigner les véritables causes de cette espèce de fanatisme qui s'est emparé d'une partie de la nation, pour un homme qui a attiré sur elle tant de malheurs. Il se demandera avec inquiétude d'où pouvait venir cet inconcevable délire des esprits, cet engouement opiniâtre qui succéda aux accès frénétiques de l'amour de la liberté; et il ne pourra y découvrir qu'un nouvel esprit de vertige, conséquence nécessaire du premier, corollaire rigoureusement déduit des principes et des effets de notre révolution. En effet, la liberté qui avait tourné tant de têtes étant devenue, si je puis m'exprimer ainsi, une liberté militaire et conquérante, les hommes qui l'avaient adorée et servie lorsqu'elle n'exerçait son empire meurtrier qu'au milieu de nous, ont dû lui conserver le même culte lorsqu'elle a porté ses ravages au-dehors; et par une suite naturelle, ils ont dû concevoir une sorte de vénération pour celui de nos généraux qui, avec des talens réels, a fait plus de conquêtes au nom de cette prétendue liberté, et qui en a étendu plus loin la domination dévastatrice. Or, Buonaparte, avec ses talens que personne ne lui conteste, Buonaparte, citoyen sans-culotte en 1793, comme il s'intitulait lui-même en écrivant au comité de salut public, Buonaparte jacobin, semblait être réservé par la Providence pour accomplir le grand but de la révolution française, qui n'était autre que le bouleversement de l'Europe, la ruine de la France et le retour des siècles de barbarie. Aussi avons-nous vu et voyons-nous encore tous les jacobins, tous les fanatiques de liberté, tous les hommes immoraux qui croient couvrir leurs vices par leur ambition et par leur fortune, constamment attachés au char de Buonaparte. Malgré les torts qu'il peut avoir eu envers les uns et les autres, malgré les titres fastueux dont ce jacobin couronné s'est plu à se revêtir, malgré la tyrannie qu'il a fait peser sur tous; malgré ses fautes, je ne dirai pas malgré ses crimes, parce que ce sont ses crimes même qui le leur rendent plus cher, tous sentent qu'ils ont besoin de lui, et que leur sort est lié au sien. Aussi a-t-on entendu Félix-Lepelletier demander à la tribune que Napoléon fût proclamé *sauveur de la patrie*; aussi a-t-on entendu Barrère se féliciter, à cette même tribune, des circonstances où se trouvait la France, parce que ces circonstances étaient, selon lui et selon son parti, favorables aux intérêts de la liberté. On sait quelle est dans la bouche de ces messieurs la valeur des mots *patrie* et *liberté*. La patrie, pour Félix-Lepelletier, la liberté, pour Bertrand Barrère, sont tout simplement le règne des jacobins. On conçoit donc sans peine que cette faction sanguinaire ait toujours été attachée à Buonaparte, qui, pendant dix ans de règne, a servi, quoique sous des noms qu'elle avait proscrits autrefois, ses plus intimes fureurs, en bouleversant les états de l'Europe les uns après les autres. Elle pensait, non sans raison, qu'un jour viendrait où le despotisme de l'empereur jacobin cessant, par une cause ou par l'autre, tous ces états bouleversés, tous ces états ayant perdu de vue leurs souverains légitimes, leurs anciennes lois, leurs anciennes mœurs, il serait facile, à l'aide de nouvelles révolutions que cette faction est si habile à faire naître, d'y établir sa monstrueuse domination. Cet espoir de sa part ne peut être regardé comme une supposition gratuite. La chambre dite *des représentans* nous a donné, dans un mois de son existence, la mesure de ses vues, de ses projets et de ses espérances. Carnot, le coriphée de cette faction, les a hautement publiés, et l'on peut le croire sur sa parole.

Mais que des hommes qui se disent ennemis des jacobins se montrent constamment attachés à Buonaparte, c'est ce qui est plus difficile à expliquer. On peut juger que ses guerres, ses batailles, ses conquêtes, ses succès, pendant plusieurs années, ont ébloui leurs yeux et fasciné leur esprit; on peut croire que l'éclat des triomphes, le bruit des armes et tout le prestige qui accompagne la gloire, fermant leurs oreilles aux plaintes des victimes innombrables de son ambition, ne leur a laissé voir dans Buonaparte qu'un héros étonnant dont la renommée faisait retentir partout et le nom et les exploits. Il est difficile, en effet, de faire attention aux gémissemens qui partent des cabanes et des chaumières, quand on est étourdi par la chute des trônes. On peut croire encore qu'en se rappelant l'état malheureux où se trouvait la France, à l'époque de sa fuite d'Egypte, ces hommes séduits ont su gré à Buonaparte de nous avoir préservés du retour du règne de la terreur et de l'anarchie dans lequel les hommes de 93 allaient nous replonger. On dut, en effet, le regarder, à cette époque, comme le sauveur de la patrie. D'un côté, il semblait éloigner de nous pour jamais ce régime sanglant qui avait fait tant de victimes et présenté tant d'horreurs; il comprimait les factions; il arrêtait les partis, et rendait à la France la tranquillité intérieure. De l'autre, il la sauvait d'une invasion, et repoussait loin d'elle ces armées étrangères qui étaient sur le point de pénétrer dans son sein. Peut-être dut-elle à la division qui éclata alors entre les alliés, plus encore qu'aux armes de Buonaparte, l'éloignement des austro-russese; put-être que Suwarow, s'il eût été franchement secondé par le prince Charles, aurait appris à l'Europe que ce Buonaparte, déjà si vanté par la renommée, n'était pas invincible. Peut-être le grand éclat qui environnait le jeune conquérant révolutionnaire aurait-il été un peu diminué et terni par le vieux vainqueur de Varsovie. En moins de trois mois, ce général russe avait debarrassé l'Italie des phalanges républicaines que Buonaparte avait été trois ans à y établir. Les généraux français que Suwarow y vainquit n'étaient pas sans mérite. Joubert y avait péri; Moreau ne put s'y maintenir; et quand Buonaparte y rentra, Suwarow et ses Russes étaient rentrés dans leur pays. Mais enfin, quelqu'aient été les causes des succès du premier consul, quelqu'heureuses que fussent pour lui les circonstances, toujours est-il vrai que la défaite du général Mélas et la victoire de Marengo, en effaçant la tache de la fuite d'Egypte, placèrent Buonaparte dans la situation la plus brillante, et le traité qui suivit cette bataille si chèrement achetée, si vigoureusement soutenue et si étonnemment gagnée, le rendit de nouveau maître de l'Italie, et le couvrit d'une nouvelle gloire. Les hommes qui ne voient que les dehors, qui ne s'attachent qu'aux actions d'éclat et ne jugent que d'après des rapports de gazette, ont pu regarder Buonaparte comme un grand homme. Ils ont répété les éloges que ses écrivains, ses ministres, ses conseillers, ses orateurs faisaient sans cesse retentir autour de lui. Ils se sont passionnés pour sa gloire, qu'ils ont prise pour la gloire nationale. Ils se sont passionnés pour lui-même; et leur erreur, aujourd'hui si funeste, a pu prendre sa source dans l'amour de la patrie, dans ce sentiment honorable qui fait aimer ceux qui élèvent et agrandissent une nation et la rendent respectable au-dehors.

Mais les hommes qui jugent les choses avec plus de sang-froid, qui examinent de plus près les actions, qui observent avec attention la conduite et le but où tendent ceux qui les gouvernent; les hommes qu'une vaine fumée de gloire n'éblouit point, ont vu, dès le principe, quels étaient les projets de Buonaparte, et sur quoi il fondrait toute sa politique; ils ont prévu qu'il n'y avait point de paix à espérer pour la France, ni de repos pour l'Europe, tant qu'il vivrait. Ils ont reconnu en lui une ambition sans bornes, qui devait tout sacrifier à ses vues, probité, morale, hommes et argent. Examinons rapidement sa conduite politique et militaire, et d'après le tableau que nous allons présenter de tous ses crimes, nous nous demanderons encore avec étonnement comment il a pu se trouver des hommes qui l'aient admiré et aimé si long-temps.

CHAPITRE II.

Politique et conquêtes de Buonaparte.

Le principal trait du caractère de Buonaparte, a constamment été la mauvaise foi et la perfidie. A peine est-il parvenu au gouvernement de l'état, par la violence, qu'il cherche à s'y maintenir par la fraude. Voyez-le dans Saint-Cloud, haranguant le conseil des cinq-cents, qu'il vient de comprimer par la force des baïonnettes. Il déclare qu'il ne veut être ni César, ni dictateur, et que les braves qui l'entourent doivent être des garans de sa parole. Cependant que fait-il? il déchire la constitution de l'an 3. Il en fait une nouvelle, par laquelle il s'attribue, sous le titre modeste de premier consul, toute l'autorité d'un monarque. Observez ses envahissemens successifs de pouvoir: il y tient la même marche qu'il va tenir dans ses envahissemens de territoire. La commune de Saint-Cloud vient lui offrir son château pour en faire sa maison de plaisance. Buonaparte le refuse en apparence, et déclare qu'il ne veut recevoir de récompenses nationales que lorsqu'il sera rentré dans la vie privée ; et quelques mois après il fait réparer ce château qu'il vient de refuser ; il le fait magnifiquement meubler, et s'y installe comme dans une maison dont il serait le propriétaire ou l'acquéreur légitime. Cet homme, qui doit rentrer dans la vie privée comme un simple citoyen, fait cependant battre monnaie à son effigie. Il se fait proposer le consulat à vie, et il l'accepte sans répugnance. Bientôt le titre de premier consul ne lui convient plus. Il tourmente son conseil d'état pour en obtenir un autre plus conforme à la grandeur du peuple et à sa propre gloire. Des orateurs vendus s'évertuent pendant huit jours dans le tribunat à prouver la nécessité de donner au chef de la république une dénomination et une autorité plus imposantes. Le sénat, conservateur de la constitution, mais qu'on aurait dû plus proprement appeler machine à constitutions, présente à Buonaparte un mémoire dans lequel il expose ses vues, et propose ses conditions dans le changement que le premier consul prétend faire à la constitution de l'an 8. Le mémoire est lu et écarté, et c'est Buonaparte qui dicte lui-même le sénatus-consulte qui l'institue Empereur des Français, et lui donne le droit de faire des princes et des nobles à sa volonté. Ces fiers républicains, qui avaient naguère proscrit sans pitié tous les nobles et tous les titres de noblesse, qui nous avaient fait jurer haine à la royauté, consentent volontiers à devenir chevaliers, barons, comtes, ducs et princes, en vertu du pouvoir qu'ils confèrent à un homme qui est devenu empereur par sa volonté ; à un homme qui ne voulait être, disait-il, ni César, ni Cromwel, ni dictateur. Cette usurpation étrange s'est opérée dans l'espace de quatre ans, contre la parole qu'il en avait solennellement donnée à Saint-Cloud, au 18 brumaire, et c'est à Saint-Cloud même que Cambacérès, second consul, suivi du sénat entier, alla saluer le nouvel empereur : je me rappelle encore le silence d'étonnement et de stupeur qu'on remarquait à cette époque dans tout Paris. Certainement Buonaparte ne montait pas sur le trône du vœu des Parisiens.

L'homme qui se jouait ainsi et de sa parole et de ceux qui l'entouraient, ne fut jamais plus fidèle dans ses traités. On n'a point oublié l'assassinat de M. le comte de Frotté, et autres chefs de chouans avec lesquels il venait de faire la paix. On n'a point oublié la mort du jeune Toustaint, exécuté à Paris pendant qu'on négociait dans la Normandie pour la pacification. On n'a point oublié la mort secrète de Toussaint-Louverture, qui s'était rendu de bonne foi aux Français. On n'a point oublié et l'on n'oubliera jamais la violation de territoire commise dans le margraviat de Bade, pour y enlever un prince qui fut conduit en poste à Vincennes, et fusillé deux heures après son arrivée. On n'a point oublié et l'on n'oubliera jamais la strangulation de Pichegru et la déportation de Moreau, dont la gloire militaire portait trop d'ombrage au tyran. Ces actes monstrueux de perfidie et de cruauté, dignes de figurer dans l'histoire d'un Tibère et d'un Néron, ne sont pourtant pas les plus grands crimes de Buonaparte. Ses plus grands crimes sont les envahissemens et les conquêtes qu'il a faits en Europe, parce qu'ils ont été commencés par la fraude, préparés par la perfidie, et consommés par le carnage de milliers de Français. Buonaparte, qui voulait se rendre maître de la terre pour se rendre maître des mers, savait bien qu'il serait en guerre tout le temps qu'il régnerait. Il savait bien que la conquête de l'Europe et son asservissement ne pouvaient être l'ouvrage de quelques années. Il avait déclaré que, dans dix ans, sa maison serait la plus ancienne maison régnante de l'Europe : ses généraux répétaient cette déclaration. Le général Mouton, un de ses aides-de-camp, avait dit à un de mes amis, M. de Bellegarde, descendant direct du duc de Bellegarde, grand écuyer de Henri IV, qu'il fallait que l'Europe nous écrasât ou que nous fussions maîtres de l'Europe. Avec ce projet de conquête universelle, Buonaparte devait nécessairement mettre en France tout sur le pied de guerre. Aussi avait-il introduit dans les écoles publiques le régime et la discipline militaires. Tous les exercices s'y faisaient au son du tambour. Les élèves y étaient armés et instruits au maniement des armes. Les lycées étaient autant de camps. L'esprit guerrier y était tellement répandu et déjà si fortement prononcé, que les études y déclinaient visiblement. Les jeunes gens sentaient bien que la connaissance du grec et du latin, et les charmes de la littérature, ne leur seraient d'aucune utilité pour s'avancer dans la carrière des armes. Tout ce qu'ils avaient de plus pressé à savoir, c'était de bien manier le sabre et le fusil pour devenir bientôt officier. Ils ne rêvaient qu'épaulettes et ne voyaient de bonheur qu'au milieu des camps. Les bulletins brillans de nos armées exaltaient encore leurs têtes si faciles à échauffer. Les principes de morale et de vertu ne pouvaient germer dans leurs cœurs, sur-tout lorsqu'ils voyaient ceux de leurs camarades qui, plus indiscplinés, s'étaient fait chasser du lycée, revenir au bout de six mois l'épée au côté, et souvent décorés de la croix d'honneur. Ils concluaient donc de cet exemple que le vrai mérite consistait à savoir sabrer, et que c'était le seul moyen de faire fortune et d'acquérir de la considération dans le monde. Cette démoralisation, ou, pour parler en meilleur français, cette absence de toute morale dans la jeunesse, est un des grands crimes de Buonaparte et de son affreuse politique.

La paix qu'il fit quelquefois avec les différentes puissances de l'Europe, n'était qu'une trève qu'il se réservait pour travailler aux préparatifs d'une guerre plus meurtrière. Pendant ce temps, il semait le trouble et la division dans les cabinets des souverains. Il traitait avec hauteur et insolence leurs ambassadeurs. Lord Withvorth et M. de Marcof ne purent supporter ses insultes indécentes.

Le poison le délivra de ceux que son or ou ses intrigues ne pouvaient corrompre. Il faisait, en pleine paix, des conquêtes qu'il justifiait ensuite par le droit des armes. Gênes, la Toscane et la Hollande servaient de prétexte légitime aux rois de l'Europe pour se soulever contre lui, et il ne manquait jamais d'accuser les autres de l'ambition qui le dévorait. Ses ministres avaient l'art de rédiger des espèces de manifestes, où il était représenté comme un modèle de modération et de magnanimité. L'envahissement sacrilége de l'Espagne, et la perfidie plus sacrilége encore qui arracha une renonciation des princes espagnols au trône qu'ils occupaient depuis Philippe V, furent présentés, par M. de Champagny, comme un acte nécessaire aux intérêts de la France et à la politique de l'empereur. Chaque trône renversé nous coûtait cependant une coupe réglée de 80 à 120 mille hommes. Cinq cent mille Français ont été moissonnés dans l'ancienne patrie de Viriate, pour soutenir un homme nul et sans vertu sur le trône de Charles-Quint. Deux fois la Prusse s'est vue ravagée, saccagée et ruinée pour servir l'ambition de Buonaparte et alimenter les fureurs de ses armées; et l'on ose aujourd'hui reprocher aux Prussiens les excès auxquels ils se livrent chez nous, et l'exigeance qu'ils montrent chez nos bourgeois ! Mais ils vous répondent qu'ils ne nous font pas la centième partie des maux que leur ont faits les Français. Ils vous disent qu'ils ne tuent pas les femmes et les enfans comme nous avons tué les leurs. Deux fois l'Autriche a vu nos soldats, deux fois Vienne a été prise par Buonaparte ; et, pour comble d'humiliation, une fille des Césars a été forcée de partager la couche du bourreau de son pays. Le souverain pontife s'est vu, contre toute justice, enlever ses états, et est devenu le prisonnier de celui qu'il avait oint de l'huile sacrée. Enfin la Russie, que son éloignement de la France semblait mettre à l'abride nos ravages, la Russie a vu fondre sur elle une armée de 600 mille hommes attirés par la soif de la domination, et conduits par une politique en délire. Mais Moscow incendié, a été le terme de tant de fureurs et le commencement de la chute de l'oppresseur de l'humanité. Le froid et la faim, le fer et le feu ont anéanti la plus grande partie de cette brillante armée, et le chemin de Russie en France a été ouvert au successeur de Pierre-le-Grand par un insensé qui, après nous avoir enlevé notre or, notre argent et toute la fleur de notre jeunesse, a appris aux étrangers la route de Paris. Depuis Charles VII, la capitale de la France était demeurée vierge. Les Anglais, chassés par Jeanne d'Arc, n'avaient osé reparaître sous les murs de Paris; et, dans l'espace de quinze mois, le Russe, l'Autrichien, le Prussien et l'Anglais ont deux fois inondé la France; et l'homme qui les y a amenés, comme par la main, compte encore parmi nous des partisans! Cet homme, qui semble être sorti du sein de nos désordres politiques pour nous punir de nos folies révolutionnaires; cet homme, qui s'est baigné dans le sang de tant de Français; qui, sous le prétexte de nous couvrir de gloire, ne nous laisse aujourd'hui que la honte et l'horreur de ses crimes; cet homme, cet étranger trouve encore des Français assez dénaturés, assez ennemis de leur patrie pour regretter sa domination! Quoi! pour détromper ces Français égarés ou coupables, une première invasion n'a pas été suffisante? il a fallu que Buonaparte revînt une seconde fois, pour augmenter nos malheurs et mettre le comble à ses crimes, et encore tous les yeux ne sont pas ouverts! Et quand toute l'Europe s'est soulevée contre lui, quand les trois quarts de la France se sont révoltés et jetés, une seconde fois, dans les bras de son Roi légitime, il se trouve encore des insensés, des fanatiques qui rêvent son retour, et qui sont prêts à le favoriser, à le seconder, à lever l'étendard affreux de la guerre civile pour le soutenir et le défendre? Voyons donc, dans les chapitres suivans, ce que ces aveugles regrettent, et ce qu'ils désirent.

CHAPITRE III.

De Louis XVIII et du Mémoire de Carnot.

Personne en France, si ce n'est la faction des jacobins et des buonapartistes, n'a oublié la conduite généreuse et magnanime que les souverains alliés tinrent à Paris en 1814. Lorsqu'ils avaient le droit d'exercer contre nous tant et de si justes représailles, ils ne montrèrent que clémence et oubli de tant d'injures. Ils pardonnèrent tout à une seule condition, et cette condition était le vœu de la grande majorité des Français : c'était de renoncer à l'empire tyrannique de Buonaparte, qui était autant notre ennemi que le leur. Le sénat, qui était alors le seul corps de l'Etat qui pût être l'interprète du vœu national, rappela Louis XVIII. Ce prince fut accueilli par les acclamations universelles des Français. Il reçut de toutes les provinces, de toutes les villes et même des plus petits villages, des députations qui vinrent à l'envi lui exprimer la joie des peuples et les sentimens non équivoques de l'amour et du respect les plus sincères. Les adresses de félicitation dont les journaux furent remplis pendant plusieurs mois n'étaient point commandées par l'autorité, ou arrachées par la violence ou surprises par la mauvaise foi, comme on en avait vu récemment plusieurs exemples sous le règne de Buonaparte. Le concours était trop général, trop unanime pour n'être pas l'effet de l'enthousiasme et l'expression de la vérité. Les partisans les plus décidés de Napoléon sont eux-mêmes convenus, dans leurs écrits, que Louis XVIII avait été reçu au milieu des cris de l'allégresse et des transports de toute la France. Si le vœu d'une nation a jamais été manifesté d'une manière authentique, c'est sans contredit à cette heureuse époque; et Louis XVIII peut se vanter avec raison d'être monté sur le trône, de l'assentiment de tous ses sujets. D'où pouvait venir cet accord, cette unanimité des esprits, si ce n'est du droit incontestable que chacun lui reconnaissait à la couronne de France? Sa naissance la lui avait donnée; et malgré 25 ans de troubles et d'agitations, malgré la succession rapide de tant de gouvernemens qui s'étaient tour-à-tour culbutés et renversés, ses droits légitimes avaient survécu, et tous les efforts des différentes factions pour les détruire les avaient prouvés et proclamés avec une nouvelle force. Louis XVIII n'était point connu de la génération présente, la jeunesse française était née sous le règne des révolutions; l'âge mûr n'avait sur son caractère personnel que des idées d'emprunt; les vieillards pouvaient le juger mal, parce que vingt-cinq ans d'absence avaient dû apporter dans ce prince des changemens qui leur étaient inconnus. Il est vrai que la renommée publiait ses lumières et ses vertus. Mais la renommée pouvait être trompeuse, parce qu'il est dans l'esprit de l'homme d'attacher un grand mérite à la grandeur dans l'infortune. On aime à supposer des vertus aux princes malheureux, comme on aime à leur trouver des défauts quand ils sont en possession d'une grande puissance. La France, en revoyant Louis XVIII, pouvait donc être partagée de sentimens à son égard. Elle ne le fut point; elle le reçut comme son sauveur, comme un père qui revient faire le bonheur de ses enfans. C'est donc une imposture de la part des buonapartistes, d'avoir dit, écrit et répété que ce prince nous avait été *imposé* par des étrangers. Sans leur secours gé[illegible] ne serait peut-être pas rentré sitôt dans l'héritage de ses pères; c'est de quoi l'on doit convenir : mais, parce qu'ils nous ont aidés à le rappeler, c'est une insigne fausseté de dire qu'ils nous ont forcés à le reprendre. Autant vaudrait-il avancer qu'ils ont commandé par toute la France ce mouvement spontané d'allégresse qui a eu lieu avec plus d'énergie encore dans les provinces que les étrangers n'avaient pas envahies. Buonaparte, dévastateur de l'Europe, ne pouvait plus être toléré par les rois dont il menaçait les trônes. Son existence était devenue incompatible avec le repos du monde, et les envahissemens journaliers de la France, qu'il foulait et tyrannisait, nécessitaient de la part des Souverains une ligue assez forte pour renverser ce colosse qui pesait sur leurs peuples comme sur eux-mêmes. La France et l'Europe acquéraient dans Louis XVIII une garantie certaine de leur tranquillité commune. Le Roi nous donna une constitution qui devait réunir tous les partis, satisfaire toutes les prétentions, et nous délivrer à jamais de la licence populaire et des excès du pouvoir. Cette constitution avait été discutée par les hommes éclairés et les plus influens du sénat et du corps législatif. Ils y avaient proposé des modifications que le Roi avait consenties. Elle semblait le résultat des lumières du siècle et le fruit de l'expérience. Elle offrait tous les moyens de perfectionnement que les circonstances pouvaient amener. Elle n'avait pas tout prévu, tout fixé d'avance, parce que le Roi qui la donnait, savait que c'est le temps seul qui change et fait les constitutions. Mais elle renfermait en elle-même tous les principes d'amélioration. Aussi fut-elle approuvée par tous les corps de l'Etat. Les hommes éclairés y trouvèrent la garantie de la sûreté publique, la sauve-garde d'une liberté sans excès, la force d'un pouvoir protecteur et le gage de la félicité commune. Cette constitution, ouvrage du Monarque, était donc la véritable loi de l'Etat, puisqu'elle faisait l'espoir des peuples qui l'avaient reçue comme un bienfait. Elle était l'expression du vœu général, puisqu'elle consacrait en principe tout ce que les assemblées de baillage en 1789, avaient demandé, sauf les changemens que vingt-cinq années de révolution avaient opérés, et sur lesquels on ne pouvait plus revenir sans danger.

C'est à l'ombre de cette constitution que Louis XVIII étendait sur toute la France un sceptre doux et vraiment paternel. La confiance renaissait de toutes parts : l'espoir du bonheur faisait épanouir tous les cœurs; le commerçant se livrait à de brillantes spéculations; les manufactures reprenaient leurs travaux si souvent suspendus; chaque Français se sentait allégé du fardeau qui avait si longtemps et si péniblement pesé sur tous. On semblait respirer un air plus libre et plus pur; le cœur était à l'aise, et l'esprit pensait sans contrainte et sans frayeur; chacun se promettait un bonheur long et durable. Depuis vingt-cinq ans, les factieux qui, tour-à-tour, s'étaient écrasés en nous écrasant nous-mêmes, promettaient au peuple ce bonheur qui fuyait toujours loin de nous. Le tyran, pendant douze ans de règne, nous l'annonçait à chacune de ses conquêtes, et plus ses conquêtes se multipliaient, plus nous étions malheureux, à l'exception du petit nombre d'hommes qu'il gorgeait d'or et comblait d'honneurs. Louis XVIII en arrivant nous l'avait apporté; car son retour en était l'aurore, et son règne le commençait. Il crut l'assurer en promettant l'oubli du passé, en pardonnant tous les crimes, en excusant toutes les erreurs. Aucune vengeance n'eut lieu, aucune rigueur ne fut exercée : loin de là, ce Monarque généreux trouva même dans son cœur des prétextes pour récompenser des services qui avaient prolongé son exil. Il maintint dans leurs places plusieurs de ceux qui s'étaient montrés ses véritables ennemis, ou leur accorda d'honorables retraites; il laissa jouir de leurs dignités et de leur fortune ceux qui les avaient acquises par des moyens que l'honneur et la probité n'avaient pas toujours approuvés. Il semblait que tant de magnanimité devait lui gagner tous les cœurs, et que les Français, de quelque parti qu'ils eussent été, quelqu'opinion qu'ils eussent eue, quelque conduite qu'ils eussent tenue, allaient tous se réunir et se confondre désormais dans un même sentiment d'amour et de fidélité pour le Roi. C'était là du moins l'espoir de Louis XVIII; mais la perversité humaine est indomptable. Les bienfaits, loin de corriger certains esprits, ne font que les irriter. Comment croire d'ailleurs, que des hommes qui n'ont vu la félicité publique et la liberté que dans la permanence des échafauds révolutionnaires, pussent s'accommoder du règne doux et paisible de Louis XVIII? Aussi vit-on bientôt un Mehée, un Félix-Lepelletier, un Carnot sortir du long silence qu'ils avaient gardé sous le tyran, pour censurer le gouvernement du Roi légitime. Le Mémoire de Carnot fit plus de bruit et plus d'impression, non par son mérite intrinsèque, mais à cause du nom du personnage. Cet homme, qui, comme militaire et mathématicien, jouit d'une sorte de célébrité, mais qui est encore plus malheureusement célèbre par la participation qu'il a eue au gouvernement de Robespierre; cet homme, qui est tout couvert d'une partie du sang qui a coulé dans la France pendant la terreur; cet homme, qu'on a voulu excuser de tant d'assassinats, parce qu'il en avait signé de confiance tous les arrêts; cet homme, qui, membre du comité de salut public, s'était réservé la partie militaire, et qui sans doute fermait le yeux quand on lui apportait à signer les édits de proscription rendus par ses collègues; cet homme enfin, dont la conduite a toujours été si pure, et que la faction sanguinaire proclame comme un Caton, a été le premier à donner le signal de la révolte contre Louis XVIII. Son Mémoire, qu'on vient de réfuter d'une manière aussi victorieuse qu'éloquente, ne fut pas lancé dans le public sans dessein. Il était rempli de tant d'impostures, il annonçait tant d'audace, il était si révoltant par ses assertions, et plus encore par son apologie du régicide dont il s'efforçait de rejeter cependant tout l'odieux sur une classe d'hommes qui en avaientét é les premières victimes, il était si outrageant à la mémoire d'un Roi que la France pleurera long-temps, que le ministère public se crut obligé d'appeler et d'interroger l'auteur. Celui-ci se sauva de l'accusation, en déclarant que c'était sans son aveu et contre son intention qu'il avait été publié. Cette déclaration n'était qu'un faux-fuyant (1) pour

(1) A l'appui de ce que nous avançons, nous pouvons affirmer que M. Carnot proposa à un des premiers libraires de Paris, d'imprimer *furtivement* ce libelle, et d'en partager avec lui les produits ; et voilà l'homme qu'on a voulu représenter comme un sage, comme un homme pur! *Auri sacra fames!*

Un seul libraire s'est chargé de cette œuvre d'iniquité. Voici ce que nous lisons dans le catalogue du nommé Eymery, *libraire pour l'éducation*, du 1er mai 1815 : *Mémoire adressé au Roi*, en juillet 1814 ; par Carnot, lieutenant-général, etc., in-8°, prix 1 fr. 50 c.

« Cet ouvrage, imprimé par moi en septembre der-
« nier, est le *seul complet* et le seul *véritable*. Plusieurs
« contrefaçons en ont été faites ; mais elles sont toutes
« plus ou moins fautives, et ne se donnent pas pour
« cela à meilleur marché que mon édition. »

Le nommé Charles, imprimeur, fut arrêté, comme

échapper aux poursuites de la justice; car tout le monde sait avec quelle profusion, avec

---

prévenu d'avoir imprimé ce mémoire; un nommé Bechet, libraire, fut aussi mis en prison, comme prévenu de l'avoir distribué.

L'un et l'autre furent relâchés au bout de quelques jours, et le sieur Eymery jouit tranquillement de sa liberté, quoiqu'il fût le plus coupable.

Pourquoi le sieur Eymery n'a-t-il pas ajouté à son article, dans le libelle qu'il vient de publier sous le titre de *Dictionnaire des girouettes*, qu'il était le *manipulateur* de ce *Mémoire*? Cela aurait beaucoup mieux convenu que d'y lire qu'il a été capitaine de cavalerie, ce dont on ne doutait nullement.

J'aurais donc fait ainsi cet article chronologique :

M. Eymery, ancien capitaine de cavalerie, ex-employé au ministère de la justice; auteur d'un mauvais roman intitulé : *L'Heureux parisien*, 4 vol.; a publié une multitude de petits livres pour les enfans, et, pour mieux les instruire, le fameux *Mémoire de M. Carnot*, en septembre 1814, délit pour lequel deux de ses confrères ont été emprisonnés; même année, la *Campagne de Moscou*, par M. Durdent; une *Campagne de Portugal*, etc.; en 1815, lors de l'apparition de l'usurpateur, *Une année de la vie de l'empereur Napoléon*, dont la première édition, tirée à 2000 exemplaires, a été enlevée le même jour à Paris (ce qui est évidemment faux); plusieurs autres brochures, ainsi que quelle persévérance assourdissante ce Mémoire a été débité et colporté pendant les trois mois d'absence du Roi. Tout le monde sait qu'il n'y a pas un libraire, pas un petit bouquiniste où il n'ait été affiché et mis en vente. Tout Paris a vu la jolie cariole d'osier du nommé *Arnaud*, et le joli cheval qui la traînait, couverts l'un et l'autre de l'écriteau jaune: *Ici l'on vend le Mémoire de M. Carnot*; manière toute nouvelle de vendre un livre, et qui prouve autant l'acharnement de l'auteur contre Louis XVIII, que le succès qu'il se promettait de ses impostures. Ce succès n'a été que

---

des caricatures; après le retour du Roi, *Cent vingt jours du règne de Louis XVIII*, par M. Durdent.

A l'égard de l'ouvrage de M. Durozoir, il fallait dire qu'il a été composé *avant* le 20 mars, et qu'il faut savoir gré à l'auteur d'avoir eu le courage de le publier sous le tyran.

Nous ne savons pas pourquoi le libraire Eymery fait parade, dans sa circulaire du 1er mai, de tous ses talens, de tous ses moyens, pour publier une rapsodie aussi dégoûtante que celle qu'il vante tant aujourd'hui. Il suffisait d'une paire de ciseaux.

On annonce que M. René-Périn en est l'auteur; à moins qu'il ne fasse comme M. Casimir Ménestrier, qu'il ne désavoue ce libelle; ce qu'il fera sans doute.

trop réel : c'est sans doute à ce Mémoire qu'on doit le mauvais esprit qui s'est répandu dans la classe du peuple, et qui faisait crier aux fédérés des faubourgs : *Vive l'empereur! point de Bourbons! à bas la calotte!* Car le Caton Carnot avait distillé dans son Mémoire tout le fiel de sa haine pour les Bourbons et pour les prêtres qui, selon lui, font cause commune, et il peut se vanter de l'avoir inoculé avec succès. Voilà cependant comme les apôtres d'une doctrine meurtrière corrompent la morale et pervertissent les peuples en les appelant à la liberté! Les insensés! disons mieux, les pervers! ils prétendent répandre la lumière, et ils ne voient pas qu'en invitant le peuple à secouer toute espèce de frein, ils le conduisent aux ténèbres de la plus grossière barbarie!

Veut-on la preuve de ce que j'avance? la voici, tirée d'un autre écrit publié et débité gratuitement par la police de Buonaparte. Cet écrit, où l'on croît reconnaître encore le style, la manière et les opinions de M. Carnot, est intitulé : *Lettre à Louis-Stanislas-Xavier*, etc. A la page 4, on prétend que c'est la volonté de vingt-huit millions d'hommes qui a replacé Napoléon sur le trône de

Louis XVIII, et on ajoute cette phrase horriblement manaçante : « Il n'y aura pas moyen de faire ouvrir les yeux à ces aveugles volontaires sur ce point, à moins qu'ils ne soient frappés par *l'affreuse clarté de quelqu'effroyable convulsion.* » Je ne sais si le délire du fanatisme politique et philosophique pouvait s'exprimer avec plus de férocité; mais ce que je sais, c'est que l'auteur s'est trompé sur le mot *convulsion ;* car je ne crois pas qu'il soit bien exact de dire *la clarté d'une convulsion.* L'auteur entendait sûrement quelqu'autre chose, et je suppose que c'est le mot *incendie* qu'il faut substituer au mot *convulsion.* Alors, la menace de l'auteur s'explique facilement par le projet que messieurs les fédérés avaient, le 4 juillet, d'incendier la capitale. Ce projet avait aussi été annoncé par quelques grenadiers de la vieille garde, qu'on avait entendu dire que s'ils avaient le dessous, ils viendraient mettre le feu aux quatre coins de Paris. On sait encore que Buonaparte avait dit, dans sa rage : *On verra ce que coûte la chute d'un grand homme.* Dans cette même lettre, on dit au Roi, page 9 : « Les Français d'aujourd'hui ne sont pas ceux de 1787 ; ils sont tout le contraire : ils ont un nouveau caractère ; les manières, les habitudes, les esprits, tout est changé ; ils ne vous recevront jamais ; vous serez sur le trône tant qu'une force étrangère sera stationnée dans la capitale, et au moment où l'occasion s'en présentera, vous serez chassé. Si l'on en a pu douter autrefois, la preuve en est fournie aujourd'hui. Il m'est donc prouvé que toute guerre qui n'aura pour but que votre restauration ou celle d'une partie quelconque de votre famille, ne sera qu'une cause de misère, de carnage et de désolation prolongée bien au-delà de sa durée. »

La réponse aux assertions de l'auteur se trouve aujourd'hui à Paris et dans les trois quarts de la France. Les cris de *vive le Roi !* retentissent tous les jours dans le jardin des Tuileries, sur les Boulevards et dans tous les départemens de la France. Il n'y a point là de fédérés payés, d'aboyeurs à gage, de criée soldée ; c'est tout simplement l'élan des cœurs, et cet élan, toujours le même, part d'une population immense, où tous les rangs, tous les états, tous les âges sont confondus. Il faut en excepter toutefois les buonapartistes et les jacobins, qui s'y trouvent çà et là apparemment pour être témoins d'un spectacle qu'ils ne croiraient point s'ils ne le voyaient de leurs propres yeux, et pour se convaincre que les Français de 1787 ne sont pas tous changés, et qu'il n'y a qu'eux-mêmes qui aient renoncé au caractère de la nation, à ses mœurs, à son esprit, pour devenir les amis des hommes de 1793, ou les très-humbles serviteurs d'un Corse sauvage.

Mais la phrase qui termine la citation que je viens de faire ne nous prouve-t-elle pas qu'il existe toujours au milieu de nous des monstres à figure humaine, qui, pour faire triompher leurs funestes principes, sont encore tout prêts à sacrifier une partie de la population? Et les lois ne séviront pas contre ces bourreaux! et la justice humaine ne délivrera pas la société de ces assassins philosophes!

Quand l'odieux mémoire de Carnot parut, je demandai si le Roi n'avait pas réprimé l'audace du régicide décemvir; et quand je sus qu'il était libre et impuni, je fus effrayé des conséquences que pouvait avoir, et pour le Roi lui-même et pour la France, la publication d'écrits aussi coupables que ceux d'un Méhée, d'un Lepelletier et d'un Carnot. La clémence de Louis XVIII me parut passer les bornes;

j'y vis une mollesse ou une insouciance qui, tôt ou tard, pouvait perdre la monarchie. Plusieurs de mes amis partagèrent mes craintes, et n'osant accuser le cœur ou l'esprit du Roi, nous déplorions l'espèce de fatalité qui nous semblait encore s'attacher à sa famille. Louis XVIII ne peut ignorer les maux que la licence de la presse a causés pendant la révolution; il ne peut ignorer que c'est par la voie de l'impression qu'on a propagé les mensonges les plus grossiers, les calomnies les plus atroces et le poison des plus funestes doctrines, il ne peut ignorer que les ennemis du trône et de sa maison ont toujours sévi avec cruauté contre ses fidèles sujets, qui essayaient par leurs écrits de détromper le peuple et de le ramener à la justice et à la raison: et Louis XVIII aurait craint de faire un exemple de sévérité contre deux ou trois empoisonneurs publics qui diffamaient son vertueux frère, qui insultaient à sa propre bonté, et qui annonçaient hautement leurs vues criminelles et leurs desseins audacieux! Ils menaçaient ouvertement, et Louis se taisait! Ils calomniaient sa fidèle noblesse et ceux qui l'entouraient, et Louis ne faisait rien pour les défendre! Ils accusaient les ministres de la religion de vouloir nous ramener sous le despotisme sacerdotal, et Louis, dont la religion est tolérante parce qu'elle est éclairée ; Louis, qui sait que la religion est un frein salutaire pour les peuples comme pour les rois, Louis laissait répandre le mépris et la haine contre ceux qui sont chargés de la prêcher et de la faire aimer ! Mais qu'est-il arrivé de cette indifférence du Roi ? ce que les moins clairs-voyans apercevaient déjà, une nouvelle révolution.

CHAPITRE IV.

Du retour de Buonaparte et de ses effets.

En 1799, lorsque les armées austro-russes balayaient l'Italie et étaient sur le point de pénétrer en France, le directoire-exécutif adressa aux Français une proclamation dans laquelle il cherchait à les effrayer sur le retour des Bourbons, qu'on disait être le principal but de la coalition. Il peignit sous les plus odieuses couleurs Louis XVIII rentrant dans l'héritage de ses pères. Je rédigeais alors une feuille périodique intitulée *le Précurseur*. Dans le septième n° de cette feuille, sous la date du 4 septembre, je m'attachai à détruire les allégations gratuites et les chimériques frayeurs du directoire. Je transcrirai ici le paragraphe le plus frappant de mon article. Je ne me doutais pas alors que c'était une prophétie que je faisais, et que dans quinze ans elle s'accomplirait à la lettre. Voici ce que je disais :

« Ils (les directeurs) vous présentent en « vain l'image de Louis XVIII entourée d'é-

« chafauds, de prisons, de potences, de chaî-
« nes et de carcans ; tandis que, d'un autre
« côté, tout vous annonce que Louis XVIII,
« qui veut régner sur des hommes et non sur
« des tombeaux, comme vos oppresseurs, ne
« signalera son règne que par sa clémence. Ils
« ne vous parlent que des vengeances qu'ils
« supposent gratuitement devoir *atteindre*
« *tous les états, parcourir tous les rangs,*
« *embrasser toutes les époques, après avoir*
« *fait tomber les têtes des républicains les*
« *plus ardens* (1), tandis qu'il est à craindre
« que les plus grands scélérats eux-mêmes ne
« soient épargnés. Loin d'avoir à redouter des
« sacrifices sanglans de la part de la royauté,
« nous devons au contraire trembler que la
« justice divine et humaine ne soient pas satis-
« faites par le supplice de ceux *qui ont violé*
« *les plus saintes lois de la nature, et qui,*
« *par leurs épouvantables barbaries, ont*
« *fait douter de la Providence* (2) ; nous de-
« vons appréhender qu'une excessive indul-
« gence ne nous expose au retour d'une se-
« conde révolution. Sans doute, la politique
« autant que le cœur généreux et magnanime

(1) Expressions du directoire. (2) *Idem.*

« de Louis XVIII lui ont fait sentir qu'une « amnistie générale peut seule ramener à lui « tous les Français égarés ou coupables; mais « ceux qui ont répandu le sang à grands flots, « les bourreaux de septembre, ceux du ré- « gime de la terreur peuvent-ils, doivent-ils « prétendre aux bienfaits du pardon? »

C'est donc en 1815 que cette nouvelle révolution, que l'excessive indulgence de Louis XVIII me faisait appréhender, s'est en effet opérée. Qu'on ne s'y trompe pas, le retour de Buonaparte n'a été médité et secondé qu'à la faveur de cette indulgence. Buonaparte, s'il n'eût été assuré que de quelques généraux, tout audacieux qu'il est, n'aurait pas tenté son entreprise criminelle. Il était sûr d'une partie du civil comme du militaire. Il s'était ménagé des intelligences parmi les jacobins comme parmi les officiers. Ne l'a-t-on pas vu aussitôt son entrée à Paris, donner des places importantes aux régicides et aux conventionnels? Ne l'a-t-on pas vu flatter, caresser cette secte désolatrice? Carnot, qui avait donné le signal de la révolte par son Mémoire, Carnot, avec lequel il avait été long-temps en froideur, Carnot ne fut-il pas nommé ministre? Ses commissaires impériaux envoyés dans les départemens n'ont-ils pas été choisis en grande partie parmi les jacobins les plus décidés? Ce Buonaparte, qui avait brisé les jacobins au 18 brumaire 1799, quand il voulut devenir le maître, s'est jeté dans leurs bras au 20 mars 1815, quand il a voulu se replacer sur le trône. Et c'est en cela que consiste son plus grand crime, c'est là son plus grand forfait. Car de quels maux son retour n'a-t-il pas été la cause? A peine est-il entré en France, que la surprise et l'effroi se répandent de tous côtés, et jettent tous les esprits dans une sombre inquiétude. La guerre civile éclate presqu'au même instant. D'un côté, l'armée séduite ou entraînée par les chefs, s'ébranle de toutes parts; toutes les garnisons quittent sans ordre leurs cantonnemens pour aller au-devant du tyran qui les trompe par des promesses contraires. Aux uns, il annonce une trève de vingt ans qu'il a signée, dit-il, avec les puissances, et l'arrivée prochaine de Marie-Louise. Aux autres, il promet la conquête de la Belgique, et aux Italiens, qu'il rappelle, la reprise du Piémont. Il soulève en passant la poulace de la Bourgogne, que ses complices et ses agens avaient préparée à la révolte. Ses satellites forcent les habitans de Lyon à célébrer son entrée dans cette ville par une illumination : les croisées où ils ne voient point de lumières sont brisées à coups de pierre. Il s'est vanté d'être arrivé à Paris sans tirer un coup de fusil. Mais on sait les émeutes populaires qui ont eu lieu à Dijon, à Châlons, à Auxerre, etc. Le parti jacobin lui frayait cette fois le chemin du trône. D'un autre côté, la Provence et le Languedoc, le Vivarais et la côte du Rhône, Toulouse et Bordeaux se levaient en masse pour repousser la tyrannie. On saura un jour par quels moyens perfides et criminels les généraux de Buonaparte vinrent à bout d'arrêter les progrès de l'insurrection du midi, et par quel régime de terreur ils sont parvenus à y comprimer le zèle et le courage des vrais Français. Le nord de la France, malgré les troupes qui l'inondaient et qui volaient sur la frontière pour y dévorer la Belgique, le nord de la France montrait hautement ses sentimens de fidélité pour le Roi. La Bourgogne, une partie de la Franche-Comté et de la Champagne renouvelaient, contre les nobles, les scènes anarchiques de 1789 et 1790. Les commissaires en secondaient les fureurs ; Les Thibaudeau et les Dumolard prenaient des arrêtés dignes des proconsuls de 1793. Les provinces de l'ouest conservant un moment la tranquillité de la stupeur, se soulèvent bientôt contre les actes violens des agens du dictateur. La Vendée se réveille de ses cendres; la guerre civile, arrêtée d'un côté, se propage et s'étend de l'autre d'une manière fatale aux troupes de Buonaparte. Pendant ce temps, l'Europe pousse sur nos frontières ses nombreuses armées. La France est menacée d'une invasion, et le tyran tremble déjà pour la capitale; il veut la mettre en état de défense : la sappe et la hache dévastent les propriétés, abattent les maisons des habitans de Montmartre, de Belleville, de St.-Chaumont, etc. On ruine une foule de citoyens pour défendre une ville ouverte sur cinquante-quatre points : il faudrait un an pour la rendre inexpugnable, et quinze jours vont suffire aux étrangers pour y pénétrer en vainqueurs. Des réquisitions de toutes espèces s'exécutent avec violence sur toutes les parties de la France. Deux millions de gardes nationaux sont arrachés à leur famille, à leurs travaux, à leur commerce, pour soutenir, à quarante ou cinquante lieues de leur pays, les intérêts d'un tyran sans foi et la cause d'une faction sacrilège. Le trouble et le désordre, la violence et l'oppression, la résistance et la force d'inertie, toute aussi redoutable que la résistance, la désertion et le désespoir, tel est le tableau fidèle et vrai que présente toute la France, si paisible trois mois auparavant. Buonaparte, au 18 brumaire 1799, avait réduit au silence tous les partis et refréné toutes les factions; au 20 mars 1815, il les réveille, il les exalte, il alimente leurs haines, et donne plus d'intensité à leurs fureurs: enfin, sous le nom de fédérés, il fait un appel à tout ce qu'il y a de plus vil dans la nation. Il rassemble tous les gens sans aveu, tous les hommes qui ont tout à gagner dans une révolution; il les arme, il les passe en revue pour en faire au besoin des septembriseurs, s'il ne peut en faire des soldats. Un peu plus tard nous aurions vu sans doute la même espèce d'homme qui, en 1792, avait détrôné Louis XVI et massacré madame de Lamballe, égorger et piller les parisiens pour défendre Napoléon et protéger la princesse Hortense (1).

Pendant qu'on recrutait une armée au dic-

(1) Qui aurait pu croire, il y a trente ans, que les riches pierreries qui couvraient l'habillement de Notre-Dame de Lorrette, seraient un jour démontées et remontées pour servir de parure à la fille de madame Joséphine de Beauharnais?

tateur parmi les ouvriers des faubourgs et les crieurs de pamphlets, et qu'on la ramassait dans toutes les boues de Paris, une autre classe d'hommes plus coupables que celle des fédérés en guenille, parce qu'elle est plus éclairée, prostituait ses talens et vendait son esprit au tyran. Il faut le dire, à la honte des lettres, ou plutôt il faut, pour leur honneur, signaler au mépris public certains hommes de lettres qui n'ont pas craint de se couvrir d'ignominie en prodiguant leurs éloges à Buonaparte et en répandant contre la famille royale les dégoûtantes calomnies qui sortaient des bureaux du ministère. Un Étienne, un Tissot, un Jouy avaient aussi leur rôle à remplir dans ce dernier acte de notre tragédie révolutionnaire, et ils s'en sont acquittés avec autant de courage que de succès. Je suis étonné que la chambre dite *des représentans* ait oublié, dans sa reconnaissance, de déclarer que ces honorables champions de la liberté avait bien mérité de la patrie, comme les fédérés, comme les élèves de l'école polytechnique et des lycées; car ces messieurs n'ont pas cessé, pendant trois mois, de combattre les ennemis de la licence, de la fraude, du mensonge, de la calomnie. L'infâme café de la Montansier, ce repaire du crime et de l'infamie, cette sentine impure de l'immoralité la plus profonde, méritait aussi, de la part des représentans, une mention honorable; car il ne s'était pas écoulé un seul jour sans qu'on y fît une guerre ouverte aux Bourbons, à la pudeur et à la morale publique. Les libertins, les joueurs, les débauchés, les filles perdues et les militaires dont toute la vertu est au bout de leur sabre, y formaient tous les soirs une troupe d'élite digne du héros qu'ils célébraient dans leurs monstrueuses orgies.

Mais détournons nos yeux de ce tableau dégoûtant de la démagogie honteuse, et pendant que la lie de Paris bouillonne, parcourons rapidement les actes de celui qui croit raffermir son pouvoir avec le secours de cette fermentation politique. Napoléon, après s'être constitué dictateur de sa propre autorité, annule toutes les ordonnances du Roi, proscrit les membres du gouvernement provisoire qui a ramené et reçu les princes légitimes, exile les ministres de Louis XVIII et les militaires qui formaient sa garde, dresse une nouvelle liste de proscription, confisque les biens des proscrits, casse les deux chambres et prononce contre la famille des Bourbons l'arrêt de son bannissement perpétuel. Après tous ces actes d'une usurpation inconnue dans l'histoire, il convoque une assemblée du Champ-de-Mai. Cet homme, qui veut à quelque prix que ce soit paraître un nouveau Charlemagne, prétend en imposer à l'Europe par cette parodie de représentation nationale qui, depuis huit siècles, n'existait plus en France : mais cette cérémonie sera pour lui comme la fête à l'Être-Suprême fût, il y a vingt ans, pour Robespierre. Enfin, il fait rédiger une nouvelle constitution qu'il présente à l'acceptation du peuple ; avant de connaître la volonté nationale sur ce nouveau code, il convoque les colléges électoraux et fait nommer des représentans en vertu de ce même code non encore accepté, et qu'il sait bien ne devoir pas l'être. Arrêtons-nous un moment sur cette constitution et sur les deux chambres qu'il a formées.

CHAPITRE V.

De la Constitution et des deux Chambres de Buonaparte.

Lorsque l'Acte additionnel aux cinq ou six sénatus-consultes qu'on appelait *constitutions de l'empire*, fût mis au jour et publié, je crus y voir pour la France la source funeste de nouvelles révolutions ; j'y crus reconnaître la main des jacobins et les tentatives que tôt ou tard ils ne manqueraient pas de faire pour se ressaisir de l'autorité : je m'amusai à écrire à Buonaparte une lettre dans laquelle je lui prédisais ce qu'il devait attendre de leur part, si les évènemens de la guerre dont nous étions menacés n'accéléraient sa chute. Je publie aujourd'hui cette lettre, qui n'est point pervenue à son adresse : le lecteur pourra juger, d'après ce qui s'est passé à la chambre des représentans, et surtout d'après le caractère connu de certains personnages qui y figuraient, et qui, par la suite, y auraient acquis une influence qu'ils savaient de longue main se procurer ; le lecteur, dis-je, pourra juger si je me trompais beaucoup dans mes conjectures. La voici :

A NAPOLÉON.

Votre constitution est faite par et pour les jacobins ; elle va réchauffer les passions, rallumer les haines, réveiller les partis et replonger la France dans l'état d'où vous l'aviez tirée au 18 brumaire. Les jacobins n'ont pas oublié que vous les comprimâtes alors, et aujourd'hui que vous vous jetez dans leurs bras, ils se préparent à se venger ; ils se remuent, s'intriguent, s'agitent, soulèvent et soudoient la populace pour la faire crier *vive l'empereur !* Mais ces cris que vous entendez heurler sont, ne vous y trompez pas, des cris de mort. Vous avez été jacobin, sans-culotte ; vous devez connaître vos anciens confrères et ce dont ils sont capables ; vous avez su les jouer, ils sauront maintenant se jouer de vous et vous écraser. Votre armée, qui, par attachement pour vous, vient de se montrer parjure et perfide, ne vous garantira pas de la fin tragique qui vous menace. En vous voyant caresser la secte désolatrice, elle ne manquera pas de concevoir du mépris pour vous ; elle s'indignera de l'espèce de défiance que vous lui montrez en recherchant d'autre appui que le sien et de nouvelles forces dans les fureurs démagogiques. Vous sentirez enfin que les baïonnettes ne sont pas toujours le soutien le plus sûr d'une autorité aussi contesté que la vôtre. N'aurez - vous pas bien mérité le sort qui vous attend ? Vous pouviez finir votre vie paisiblemnet ; vous pouviez, avant de mourir, faire des heureux dans votre île ; vous pouviez y laisser un souvenir cher et durable de vos bienfaits ; la France et l'Europe auraient oublié vos sanglantes fureurs, et la postérité vous aurait peut-être absou en faveur d'un long repentir ; mais votre insatiable ambition doit vous aveugler jusqu'au dernier moment. Vous n'avez vu qu'avec une rage envieuse l'amour que les Français portaient à leurs princes légitimes et le bonheur qui commençait à luire sur la France ; vous êtes venu dans l'espoir d'étouffer l'un, et vous n'avez que trop réussi à détruire l'autre : regardez au loin, le silence, la tristesse, l'inquiétude, une fermentation secrète règnent de toutes parts. Vos mensonges, vos calomnies, vos journalistes vendus, les acclamalions payées qui vous suivent ne trompent personne : l'Europe sait aussi bien que vous et moi à quoi s'en tenir sur le bruit qui se fait autour de vous ; les cris de vos soldats n'en imposent pas plus ; ils ont été trompés, ils sont égarés ; mais cet égarement sera passager comme votre nouvelle puissance. Votre retour a fait couler du sang français, votre nom en fera répandre encore, et vous descendrez au tombeau couvert des crimes de vos guerres insensées et de ceux de nos troubles civils ; vos amis finiront par maudire votre mémoire, comme vos ennemis maudissaient votre existence. L'erreur n'a qu'un temps ; la politique fondée sur l'imposture et soutenue par les forfaits s'écroule tôt ou tard : la vérité survit ; elle sera terrible pour vous et les vôtres.

Au commencement de 1814, vous refusâtes aux députés du corps-législatif le titre de représentans de la nation ; au milieu de 1815, vous formez une chambre de représentans ; et vous croyez gouverner en sûreté avec des principes aussi changeans ! Prenez-y garde, ces représentans seront plus conséquens que vous ; ils vous rappelleront peut-être ce que leurs prédécesseurs ont osé.

Vous voulez proscrire, au nom du peuple, la maison de Bourbon, et vous voulez vivre en même temps en paix avec toutes les puissances de l'Europe. Politique aveugle! Vous ne voyez pas que la maison de Bourbon est un arbre antique qui a poussé de profondes racines en France; que ces racines se sont étendues jusqu'en Espagne et au bout de l'Italie; que les puissances de l'Europe ne voient de sûreté pour elles qu'autour de cet arbre vénérable, et qu'enfin elles ont reconnu et senti bien tard, il est vrai, qu'il n'y avait de stabilité pour les trônes que dans le rétablissement de celui de Louis XVIII, parce que la révolution française, en renversant Louis XVI, les a tous ébranlés. Proscrire de nouveau les Bourbons, c'est commencer de nouvelles révolutions intérieures et préparer de nouveaux bouleversemens dans l'Europe. Vous voulez ignorer cette vérité d'expérience, parce que vous voulez encore révolutionner; mais les chefs de révolution ont tous péri; vous avez vous même été renversé une fois. Votre destinée n'est pas encore remplie; elle vous pousse en aveugle à votre perte totale. Celui qui vous écrit n'est pas votre ami, mais quand l'heureux moment qui doit délivrer la terre du poids qui pèse sur elle sera venu, vous vous rappellerez peut-être que mes avis auraient pu vous être salutaires : c'est dans cette seule intention que je vous les donne, car je n'ai le dessein ni l'espoir de faire changer de résolution un insensé. »

Dans l'état où se trouvait la France après le retour de Buonaparte, lorsque la violence et la terreur comprimaient partout le vœu des cœurs et la manifestation de la pensée, présenter une constitution à l'acceptation du peuple, c'était vouloir la lui donner de force : la volonté nationale ne pouvait être libre ni connue ; aussi le résultat du recensement des votes fut-il ce qu'il devait être, effrayant pour la tyrannie. A peine un sixième des votans se prononça-t-il, et, dans ce sixième, il faut comprendre tous les employés des administrations dont le vote n'aurait pu être libre qu'autant qu'ils auraient consenti à perdre leur place ; tous les ouvriers des manufactures de Paris, qu'on obligea de signer la constitution, et dont le vote, quand il eût été libre, aurait toujours été à peu près nul, parce qu'il ne pouvait être assez éclairé ; tous les fédérés, dont la signature était payée ;

toute l'armée, qui ne peut ni ne doit être comptée, parce qu'une armée votante est une monstruosité autant qu'une absurdité dans un état policé; enfin, il faut comprendre aussi tous les votes supposés ou de double emploi; car la fraude et l'imposture ont présidé à cette opération autant que la violence et la séduction; alors il sera démontré que le vœu national s'est expressément prononcé contre la constitution de Buonaparte.

Le choix des députés nous en fournit une preuve sans réplique : vingt-neuf départemens n'ont point envoyé de députés, il n'y a point eu d'élection, et l'on doit en conclure que la constitution n'y a pas été accueillie : voilà donc vingt-neuf départemens non votans et non représentés. Il devait y avoir dans la chambre 619 membres, il n'y en a pas eu au-delà de 511; et, le 4 juillet, ils étaient réduits à 407. Dans plusieurs départemens, les électeurs, qui devaient s'élever au nombre de 2 ou 300, ne se sont pas trouvés ici plus de 50; là plus de 20, et ailleurs plus de 13. Cependant, aux termes de la loi, ils doivent être la moitié plus un pour que l'assemblée soit légale : voilà donc encore des départemens où les votes ont dû être en aussi petit nombre que les électeurs, et qui n'étaient point réellement représentés. Dans ceux où les assemblées d'électeurs étaient plus nombreuses, il n'est pas démontré qu'elles aient été plus légales, et l'eussent-elles été, dès qu'une grande partie de la France manquait de vrais représentans, il ne pouvait y avoir de vraie représentation nationale. Ignorait-on, d'ailleurs, que le gouvernement usurpateur avait envoyé dans tous les départemens des instructions secrètes pour écarter des choix les hommes qu'on savait être attachés au Roi et à la constitution? Ignorait-on les menées sourdes, les intrigues, les moyens de corruption qu'on avait employés? Ne voyait-on pas figurer à la chambre des hommes qui n'y auraient pas siégé si les choix avaient été libres? Pourquoi Buonaparte n'avait-il pas convoqué de nouveau les députés qui avaient été nommés sous son premier règne, et que Louis XVIII n'avait pas craint de conserver? C'est qu'il redoutait leur énergie; il savait la résistance qu'ils opposeraient à ses desseins destructeurs; il savait qu'ils ne sanctionneraient pas son usurpation, et, ce qui le prouve, c'est que la plupart de ceux qui ont été réélus pour la nouvelle chambre, ont refusé d'y siéger : on n'en compte que trois ou quatre qui aient eu le courage de se déshonorer en prêtant serment de fidélité à l'ennemi du Roi, dont ils avaient juré naguère de défendre les droits.

Que dire autre chose de la chambre des pairs de Buonaparte, si ce n'est qu'elle était composée de ses complices, des conspirateurs et des traîtres qui l'avaient rappelé. Un Ney, un Soult, un Drouot, un Carnot, un Thibaudeau, un Labédoyère, un Lallemant, un Lefèvre-Desnouettes, tous dignes du dernier supplice pour avoir ramené en France le plus cruel ennemi de la France. Je ne confonderai pas avec eux les autres membres de cette chambre qui ont consenti, par faiblesse ou par ambition, à siéger à côté de ces furieux et de ces parjures; mais la patrie les blâmera toujours d'avoir paru faire cause commune avec eux.

Disons donc que la chambre des représentans fut aussi illégale par le fait que par le droit : elle fut illégalement instituée, puisqu'elle le fut en vertu d'une constitution illégale et rejetée par la majorité de la France; elle fut illégalement nommée, puisque c'est une petite fraction du peuple qui fit les choix ; et c'est cette chambre, qui, lors de la réabdication de Buonaparte, violant la première la constitution dont elle était fille, voulait s'ériger en convention nationale, et prétendait donner à la France une huitième constitution ; n'osant ouvertement en prendre le titre, elle en usurpait du moins tous les droits, et bientôt elle en aurait eu tous les pouvoirs, si une force supérieure ne s'était hâtée de la faire rentrer dans le néant. Qu'étaient-ils ces hommes, je ne dirai pas nouveaux, car depuis trop long-temps la France avait appris à les connaître ; qu'étaient-ils ces hommes tout à coup ressuscités ? Qui les avait chargés de nous faire une nouvelle constitution ? Si vous étiez représentans en vertu de la constitution de Buonaparte, de quel droit en vouliez-vous rédiger une autre ? Vous aviez vous même détruit le titre de votre existence législative, car vous le trouviez imparfait ; vous n'étiez donc plus rien vous-mêmes ? Était-ce à vous à vous en créer un nouveau ? Buonaparte n'était plus, l'Europe l'avait proscrit, la France le rejetait avec horreur, et vous prétendiez lui survivre ? Mais la France vous réprouvait aussi, la France ne vous avait point délégués pour la gouverner, la France ne voyait en vous que des fauteurs de la tyrannie; bientôt elle n'y eût vu que des tyrans. Vouliez-vous renouveler les fureurs de la convention, dont plusieurs d'entre vous firent partie? mais le temps des révolutions est passé, et vous avez passé comme lui.

CHAPITRE VI.

De la Guerre et de l'Abdication de Buonaparte.

Les crimes qui avaient été la conséquence de la révolte du mois de mars, venaient, comme nous l'avons vu, de mettre la France dans un trouble et dans une confusion qui nous reproduisaient les époques les plus désastreuses de la révolution. La guerre pour laquelle on faisait, dans toute l'Europe, les préparatifs les plus rapides et les plus puissans, combla bientôt la mesure des forfaits de l'oppresseur de l'humanité; elle amena enfin le commencement de la trop juste punition de cet ennemi commun des nations. Le 15 juin, il ouvre la campagne: des succès que tout autre que lui aurait déplorés, enflent sa témérité, augmentent son audace et le poussent plus sûrement à sa perte; le 18, c'est-à-dire trois jours après la première bataille, cette armée de cent cinquante mille hommes, qu'il avait réunie et composée de ses meilleures troupes, reste de ses vieilles bandes qui avaient bravé les rigueurs du nord et le soleil du midi, cette armée coupable ou complice de sa révolte, est moissonnée dans douze heures par le feu terrible de l'artillerie anglaise ; et ce qui peut échapper au fer de l'ennemi, rentre en France en désordre, et y apporte le ravage et la désolation, qu'on ne devait redouter que de l'étranger victorieux. Cette vieille garde impériale, qui portait le dévouement à son chef jusqu'au fanatisme, cette vieille garde, dont on ne peut s'empêcher d'admirer le courage tout en blâmant ses torts et en plaignant son aveuglement, elle est écrasée, mutilée, et presque entièrement détruite. La patrie, dans ce jour funeste, vit périr l'élite de ses guerriers et perdit tout le matériel d'une armée pour les succès de laquelle le tyran avait, depuis trois mois, tout préparé, tout réuni : cette armée, plus malheureuse peut-être que coupable, fut donc punie la première de sa criminelle défection ; et le monstre (car en se rappelant un désastre si affreux, quel autre nom donner à cet homme) a pris la fuite ! C'est lui qui, le premier, vient dans la capitale apporter la nouvelle de sa honte, et donner un cinquième exemple de sa lâcheté. Ce général fuyard vient tranquillement à l'Élysée faire le calcul de ses pertes et du nombre des victimes de sa monstrueuse ambition : un seul regret lui échappe, une seule idée le tourmente. Vous croyez peut-être que c'est la mort de tant de milliers de braves qu'il a vu massacrer? détrompez-vous, c'est la perte des chevaux que montait sa brillante cavalerie qu'il déplore : des hommes se remplacent par d'autres hommes, c'est là son moindre souci ; mais il n'est pas aussi facile de remonter des cavaliers. Français ! et vous surtout insensés partisans de ce tigre à figure humaine! voilà pourtant celui pour qui vous avez fait les sacrifices les plus coûteux et les efforts les plus extraordinaires : le voilà peint tout entier dans un seul mot sorti de sa bouche ; voilà celui aux yeux duquel l'espèce humaine est d'un moindre prix que des haras ! Cet usurpateur sans foi, sans pitié ; cet homme au cœur de bronze, qui vient d'abandonner si lâchement les malheureux débris de son armée ; qui, quatre jours auparavant, avait si insolemment bravé les souverains de l'Europe dans une insultante adresse à ses soldats, voyant aujourd'hui ses ressources épuisées, et se sentant pressé par les évènemens si rapides d'une guerre si fatale, abandonne une seconde fois le pouvoir qui lui échappe, et, lâchant les rênes de l'État qu'il a perdu, il laisse à leurs propres forces des généraux qui n'ont plus de guide qu'eux-mêmes, et des troupes découragées et stupéfaites qui ne savent plus pour qui elles combattent. Et des hommes qui se disent représentans de la nation, des Français qui prétendent soutenir l'honneur de la patrie et conserver l'indépendance nationale, des Français qui méconnaissent et repoussent leur souverain légitime, ont l'impudeur de voter des remerciemens solennels à l'étranger farouche qui a fait périr des millions de leurs compatriotes, qui a attiré sur la France une masse de ressentimens égale à celle de ses malheurs, qui vient de flétrir la gloire nationale, qui a porté le dernier coup à la marine française et en a consommé la ruine en désarmant tous les vaisseaux des canons qui sont devenus la proie de l'étranger; qui, en un mot, attire pour la seconde fois, au cœur de la France, l'habitant des bords glacés de la Newa et celui des rives brûlantes du Tage.

Ces soi-disant patriotes, ces prétendus amis du peuple prodiguent des éloges aussi monstrueux qu'eux à l'ennemi le plus acharné qu'ait jamais eu la France ; et lorsque d'un seul mot ils peuvent arrêter la marche victorieuse des troupes alliées ; lorsqu'ils peuvent d'un mot faire cesser les ravages de la guerre et prévenir une nouvelle effusion de sang humain, ils irritent, au contraire, les vainqueurs par leur insolente rebellion ; ils provoquent sur nous tous les maux de la conquête par une résistance insensée, et ne craignent pas de se rendre responsables de toutes les misères qui menacent leur pays. Quand les crimes du tyran finissent, les crimes de ces représentans commencent ; lorsqu'ils pouvaient donner un titre légal à leur existence en se déclarant les sujets du Roi, en lui ouvrant les portes de la capitale, ils se livrent à des débats indécens et séditieux, et prononcent, au milieu des cris et de la fureur, qu'ils ne souffriront jamais le retour des Bourbons : les maux de la patrie ne sont pas assez grands à leurs yeux, ils veulent y ajouter les orages d'une régence tumultueuse : ils proclament un enfant de cinq ans qui est au pouvoir de leurs ennemis, ou, en d'autres termes, ils se déclarent les maîtres sous son nom : ce sont de nouveaux *seize* qui veulent renouveler les fureurs de la ligue et les horreurs du siège de Paris. Mais la même force qui a renversé Buonaparte va tout-à-l'heure les abattre eux-mêmes : les souverains de l'Europe, qui se sont armés contre un tyran, ne déposeront pas les armes devant des factieux ; ils font la guerre à tous les ennemis de la légitimité des trônes ; tous les rebelles seront réduits, tout rentrera dans le devoir. Pendant que ces prétendus représentans délibèrent, négocient et rêvent des plans de constitution, Louis XVIII s'avance vers la capitale. Déjà il est aux portes. La résistance que les rebelles opposent à ses armées alliées ne sert qu'à prolonger leur crime sans pouvoir prévenir leur chute. Il faut que la force triomphe enfin de la violence, que le bon droit succède à l'iniquité, et que la vérité confonde le mensonge et l'imposture ; il faut que les funestes principes d'une liberté meurtrière qui, pendant vingt-six ans, a couvert la France et l'Europe de ruines et de ravages, et au nom de laquelle tant de flots de sang ont coulé, soient enfin extirpés ; il faut que les peuples ne soient plus exposés à se détuire eux-mêmes pour des idées abstraites, pour de fausses théories qui les ont tour à tour entraînés dans les excès de la licence, dans les convulsions de l'anarchie, dans les horreurs du gouvernement révolutionnaire, et ensuite sous l'autorité dévorante d'un despotisme conquérant et usurpateur, qui, se consumant par ses propres excès, ne nous laissait que le même cercle de calamités à parcourir de nouveau.

Enfin, Paris a capitulé, Paris a revu son Roi avec des transports de joie. Ces députés factieux qui voulaient prolonger la durée de nos maux ont été forcés de céder : Paris a applaudi à la dissolution des chambres, à la dispersion de ces rebelles, dont plusieurs, en partant, se sont encore vantés qu'ils allaient dans leurs départemens susciter des ennemis aux Bourbons.

CHAPITRE VII.

A qui doit-on faire supporter les frais de la Guerre?

Le roi de Navarre, Charles-le-Mauvais, qui, sous Jean II, fit tant de mal à la France, Isabelle de Bavière qui fut si indifférente et si dure pour son mari Charles VI, et le duc de Bourgogne, qui signa avec les Anglais le traité honteux de Bretigny, ne se montrèrent pas ennemis aussi cruels ni aussi acharnés de notre patrie que ce Buonaparté, ce Corse sans foi, sans honneur, qui, après avoir attiré contre nous la haine de toute l'Europe par ses brigandages nommés *conquêtes*, nous a deux fois livrés en quinze mois au pouvoir de l'étranger, et nous a légué, en se retirant pour la seconde fois, les fureurs de l'anarchie, celles de la guerre civile, et toutes les misères qu'entraîne nécessairement après elle l'invasion d'armées aussi nombreuses que celles qui occupent maintenant la France. L'histoire n'offre point d'exemple de maux aussi grands, aussi multipliés que ceux qu'a causés son funeste retour, dans le court espace de trois mois. Cet homme, qui compte encore tant de partisans, et sur la tête duquel les malédictions de deux générations doivent retomber toutes entières, cet homme est sans doute le plus coupable des hommes; mais ceux qui l'ont appelé, ceux qui ont préparé, protégé son retour; ceux qui l'ont soutenu et servi, ceux qui voulaient nous donner son fils pour maître, ceux-là sont-ils moins criminels? Si la France, si l'Europe entière crient vengeance contre Napoléon, si les Rois qu'il a insultés et bravés avec tant de fureur, si les peuples qu'il a foulés avec tant de barbarie demandent sa punition; la France, qu'il a écrasée, tyrannisée et avilie, ne demandera-t-elle pas le châtiment de ceux qui l'ont secondé dans toutes ses criminelles entreprises? N'y aura-t-il point de justice pour ces traîtres, pour ces Français qui en déshonorent le nom? Retourneront-ils paisiblement dans leurs familles, à laquelle ils ont donné de si honteux exemples, pour y jouir sans crainte et sans remords du fruit de leurs attentats, et pour y rester spectateurs tranquilles des malheurs dont la patrie doit leur demander compte? L'agriculteur innocent, le négociant honnête, le manufacturier laborieux, tous les hommes probes qui gémissaient et souffraient de leur cruel délire, de leurs coupables excès, de leurs lâches complaisances, supporteront-ils seuls les charges de la guerre et le fardeau des contributions militaires? Lorsque tant de fortunes scandaleuses se sont élevées du sein de tant de ruines, lorsqu'un luxe insultant atteste la misère de tant de victimes de nos discordes politiques, verra-t-on encore ces hommes couverts de crimes se renfermer au milieu de leurs palais, compter avec sang-froid l'or qui les accuse, et se livrer à des jouissances qui coûtent tant de larmes, et qu'ils ont achetées au prix de tant de sang? Eux, les auteurs de tant de maux, les ennemis de leur patrie; eux qui ont accumulé sur la France tous les genres de calamités, ne subiraient pas enfin la peine due à tant de forfaits? Si la justice humaine, remettant à celle du ciel le soin de venger les crimes de la terre, consent à laisser la vie à un grand nombre de coupables, ne les frappera-t-elle pas du moins tous dans leurs biens, dans leurs propriétés? ne fera-t-elle pas peser sur eux tout le poids de la guerre? ne pourra-t-elle pas, ne devra-t-elle pas leur dire avec raison : Vous avez rappelé le tyran, vous avez servi ses fureurs, vous avez concouru à l'exécution de ses ordres, vous avez favorisé ses mesures iniques ; quelques-uns de vous ont même outre-passé ses cruelles instructions, et se sont montrés plus atroces que lui ; vous avez bouleversé la France en irritant les esprits, en exaltant les haines, en suscitant des séditions, en armant les citoyens les uns contre les autres ; l'un de vous, en écrivant au gouvernement pour lui rendre compte de la situation des départemens qu'il vexait en proconsul, disait qu'on ne pouvait détruire l'ancienne noblesse qu'en détruisant les nobles ; vous avez soulevé, soudoyé la populace pour la porter au pillage et à l'incendie ; vous avez, par vos fureurs, irrité les étrangers contre nous; vous les avez forcés, par votre opposition, par une résistance insensée, à envahir toutes les provinces de France ; en un mot, vous avez tous contribué à la désolation de la patrie; vos biens, vos propriétés doivent à leur tour servir à l'acquittement de nos dettes, à la subsistance des troupes étrangères, au dédommagement des subsides que les Souverains alliés ont été obligés de lever ou d'emprunter; vous avez voulu la guerre avec toute l'Europe, en abandonnant votre Roi légitime qui vous avait apporté la paix; vous avez méconnu son autorité, méprisé ses ordres, et, quand il vous annonçait, quelques jours avant sa retraite, que s'il était forcé de vous quitter, il ne pourrait plus enchaîner trois cent mille étrangers qui vous menaçaient, vous avez négligé ses avis, vous avez ri de ses craintes; aujourd'hui, que tout ce qu'il vous avait prédit est arrivé, et que même la somme de maux qu'il prévoyait a dépassé ses calculs, c'est à vous à répondre pour lui et pour la France du sang qui a coulé, des réquisitions qui ont été faites pour défendre vos fortunes, vos dignités et l'autorité de votre usurpateur; c'est à vous à répondre pour la France et pour son Roi, de l'épuisement du trésor public, des coups portés aux fortunes des particuliers, et de tous les genres de vexations qui ont eu lieu pour vous et à cause de vous. Qu'auront-ils à répondre à cet arrêt de la patrie, ces généraux traîtres et perfides, si vaillans dans les combats, et qui se sont montrés si lâches envers un monarque qui avait honoré, récompensé des services dont il n'était pas l'objet? Qu'auront-ils à répondre, ces ministres d'État, ces conseillers, ces orateurs de tribune, dont les écrits et les discours, artificieusement imposteurs, avaient pour but de séduire les esprits, de corrompre les cœurs, et qui, parlant sans cesse de liberté, de patrie, d'honneur national, outrageaient l'une, opprimaient l'autre, et trahissaient le troisième? Qu'auront-ils à répondre, tous ces hypocrites amis de la France, quand la justice européenne leur demandera compte de la dévastation générale qui fit leur fortune particulière, et des fléaux qui, dans ces dernières années, ont désolé l'espèce humaine, pendant qu'eux seuls s'élevaient et restaient debout sur les débris du monde? Ils ont voulu, à l'imitation des Romains, dont ils n'eurent que la rapacité sans en posséder les vertus, ils ont voulu devenir les tyrans de l'univers; mais cette fois l'univers a été sauvé. Les trônes ébranlés se sont raffermis sur leurs fondemens; cette fois il s'est trouvé un Mithridate plus heureux que l'ancien : cette fois ce Mithridate a trouvé des rois qui l'ont puisamment secondé; cette fois aussi la Carthage moderne a eu un nouvel Annibal qui, après la défaite de Cannes, plus prudent et aussi actif que le premier, a su monter au capitole.

Mais le salut de l'Europe et du monde ne sera assuré que quand le grand jour de la justice sera arrivé. Souverains alliés, princes trop généreux, trop magnanimes, l'expérience vous l'a prouvé, le pardon ne corrige pas les scélérats. Tant que ceux de nos révolutions resteront impunis, vos couronnes seront chancelantes sur vos têtes, vos trônes seront menacés et vos peuples seront exposés à de nouveaux malheurs. Extirpez donc dans sa source ce funeste germe de destruction sociale qui nous mine depuis vingt-six ans. Punissez les apôtres sanglans de cette liberté homicide, plus fatale encore aux peuples qu'aux rois; cette liberté qui n'a été pour eux que le droit des brigands et le prétexte de leurs brigandages. Les sociétés policées vous demandent un grand exemple, parce qu'elles ont été menacées d'un grand danger, parce qu'elles ont éprouvé de grands maux, parce qu'enfin des ennemis de tout ordre, de toute justice, de toute autorité, ont été à la veille de replonger l'Europe dans le chaos de la barbarie, et qu'une philosophie sacrilège allait ramener les hommes à la condition des sauvages. La véritable liberté, celle qui résulte de l'harmonie des lois divines et humaines, celle qui est le fruit d'une sage expérience et des lumières des esprits sains, autant que de la droiture du cœur et du sentiment de la justice, celle en un mot qui, respectant les droits des peuples et l'autorité nécessaire des souverains, sait concilier les intérêts des uns et des autres ; cette liberté, la seule possible, parce qu'elle est la seule véritable, réclame de vous le châtiment de ces criminels qui l'ont toujours méconnue et dont ils furent les ennemis les plus constans et les plus cruels. Princes, vengez les peuples, vengez les rois, ou l'Europe, avant peu, sera exposée à un nouvel embrasement.

CHAPITRE VIII.

Conclusion.

Il paraîtra peut-être téméraire à un citoyen obscur de vouloir se mêler de donner des conseils à un monarque dont les lumières et la droiture sont si universellement reconnues; mais si mon zèle pour lui, si mon amour pour la patrie, si ma seule qualité de Français m'ont porté à lui adresser l'épître en vers (1) que je viens de faire imprimer, ces mêmes raisons pourront bien servir d'excuse au discours que je me propose de donner ici comme conclusion de mon ouvrage. Je suppose donc que j'ai l'honneur d'être admis au conseil de Sa Majesté; voici ce que j'oserais lui dire avec franchise et liberté, et j'ai la conviction que mon langage ferme et respectueux serait entendu d'un prince que son amour pour ses peuples distingue si éminemment.

Sire, lui dirais-je, les armes de l'Europe coa-

(1) Voyez *Epître au Roi, sur la révolte du mois de mars.* Paris, chez Egron.

lisée viennent de vous replacer sur votre trône. Le vœu de la nation vous y avait replacé avant elles, et toute la France a gémi au 20 mars de l'attentat de votre armée, et de l'entreprise criminelle d'un homme qu'on avait traité avec trop de générosité. Mais, Sire, les Souverains, vos alliés, en vous ramenant dans votre capitale, n'ont sauvé que l'Europe et comprimé la faction qui nous tyrannisait. C'est à Votre Majesté qu'il appartient de sauver la France. Votre bonté, votre clémence ont fait des traîtres et des ingrats; votre indulgence a fait des rebelles. Les traîtres seront punis, puisque vous l'avez solennellement déclaré. Leur châtiment est une justice que commandent impérieusement et l'intérêt du peuple et la dignité de votre couronne. Les ingrats doivent être abandonnés et les rebelles doivent être soumis: mais le nombre de ces derniers est malheureusement trop grand.

On en compte dans tous les rangs, dans toutes les classes, dans tous les états, dans toutes les administrations; la plupart ne sont qu'égarés et trompés. Votre bonté leur pardonnera, votre gouvernement paternel les éclairera et les ramènera à des sentimens plus français. Mais il en est, parmi ces rebelles, qui tiennent à cette secte autant ennemie des peuples que des Rois ; à cette secte qui a couvert la France d'échafauds, et qui, dans ces derniers temps, s'est attachée à l'usurpateur, en haine de votre auguste famille. Ceux-là, Sire, doivent attirer toute la surveillance de votre administration, ceux-là ne doivent plus rien espérer de votre indulgence ; ils doivent tout craindre de votre fermeté. Leurs principes sont connus ; leurs moyens ne le sont pas moins ; le caractère de cette secte est indomptable : il faut donc renoncer à l'espoir de les corriger et de les ramener ; non seulement Votre Majesté doit les écarter de toutes les parties de son admiuistration, parce qu'ils y sont des élémens de corruption et de révolte ; elle doit s'attacher encore à prévenir la propagation de leur doctrine monstrueuse et anti-sociale. Il faut, Sire, prendre autaut de soin pour extirper les maximes destructives dont elle fait profession, qu'elle en a pris elle-même pour les répandre. Sa vigilance, son activité, ses ressources, ne sont point ignorées de Votre Majesté ; il faut les retenir, les arrêter, les paralyser et les éteindre. La voie de l'impression est pour elle un moyen efficace ; la publicité qu'un Carnot a donnée à son

Mémoire, à dû vous apprendre, Sire, avec quelle funeste facilité on parvient à égarer les esprits, et à accréditer les plus absurdes calomnies. Les empoisonneurs particuliers sont punis du dernier supplice, et les empoisonneurs publics (j'appelle ainsi ceux qui, à l'aide de l'imprimerie, calomnient les individus ou pervertissent la morale publique); les empoisonneurs, dis-je, quand les lois les punissent, en sont quitte pour une amende et quelques jours de détention. Cependant, la réputation des citoyens, la sûreté du gouvernement ne sont-ils pas des biens aussi précieux que la vie des individus? Sire, l'état actuel des sociétés, le bonheur et le salut des peuples exigent instamment qu'on trouve enfin la solution d'un grand problême, celui de découvrir les véritables limites de la liberté de la presse. Tous les partis l'ont invoquée et chacun d'eux en a restreint l'usage quand il l'avait obtenue pour lui seul. On sait ce qu'elle fut sous le règne des décemvirs Robespierre et Carnot. Sous le directoire, vos fidèles sujets ne pouvaient en user sans les plus grands dangers; l'usurpateur l'avait réduite au seul droit de publier ses décrets et de vanter ses victoires.

Pendant dix mois de votre règne, elle a été sans limites, et les abus en ont été trop funestes. Dans ces trois derniers mois, on l'avait donnée toute entière à la faction régicide, et les royalistes ne s'en servaient qu'avec crainte, qu'avec précaution. Tout cela prouve, Sire, que cette liberté de la presse veut des limites. Votre Majesté doit donc fixer par une loi le point où elle s'arrêtera, où son usage sera un crime; car il ne doit pas être plus permis d'assassiner moralement que physiquement. Il ne doit pas être plus permis de porter par écrit les peuples à la révolte contre l'autorité légitime, que de les y engager par des moyens matériels. Il ne doit pas être plus permis de prêcher, de propager des doctrines politiques pernicieuses, que d'insulter à la morale, en répandant des écrits libertins et corrupteurs. La pensée de tout homme est libre sans doute; mais la manifestation de toute pensée ne doit pas l'être. Celui qui a l'idée du crime, n'a pas le droit de l'inspirer aux autres : s'il usurpe ce droit, il en doit être sévèrement puni. Un assassin de grand chemin est souvent moins coupable qu'un assassin politique, qui va semant la sédition par ses écrits. Toutes les discussions plus ou moins subtiles, plus ou moins éloquentes sur la liberté de la presse, ne vaudront jamais une bonne loi sur son exercice, parce qu'elles ne préviendront jamais les attentats d'un libelliste impudent et calomniateur.

Avec cette loi que tout commande, vous sentirez, Sire, qu'il est nécessaire d'opérer une grande réforme dans l'administration du royaume. Si cette réforme a déjà été faite dans votre chapelle, elle n'est pas moins urgente dans toutes les parties de l'ordre public. Les ennemis connus de vos droits, de votre gouvernement ne peuvent y faire valoir les uns ni servir l'autre de bonne foi. Leur influence sur la marche des affaires y serait dangereuse; leurs principes trop connus inspireraient d'ailleurs trop de crainte aux uns, trop d'espérance aux autres; et, Sire, dans les circonstances présentes, il ne faut laisser dans les esprits aucune incertitude, aucun doute sur le zèle et le dévouement des agens de votre autorité. C'est pour avoir trop négligé cette idée, que vous avez rencontré au 20 mars, tant d'infidélité et tant de perfidie. Le civil n'y était pas dans beaucoup d'endroits plus sûr que le militaire, et la trahison s'est trouvée là comme dans l'armée.

Un des vices essentiels du gouvernement, est, sans contredit, la multiplicité des places et des emplois. L'usurpateur l'avait introduite pour s'attacher plus de partisans, plus de créatures. Votre majesté n'a besoin ni des uns ni des autres; son autorité ferme et vigoureuse, sans cesser d'être juste et paternelle, doit contenir tous ses sujets dans le devoir et l'obéissance. Vous penserez donc, Sire, que cette foule de conseillers d'état et d'auditeurs est une surperfétation politique, depuis qu'il existe une cour de cassation, dont les membres pourraient remplir auprès de Votre Majesté, les fonctions que remplissaient autrefois les conseillers du Roi. Vous penserez que dans une monarchie, toute l'administration, pour être plus active et plus énergique, doit être simplifiée, et tendre, autant que possible, vers l'unité. Cette tendance à l'unité est nécessaire, sur-tout avec un système représentatif aussi nombreux que l'exige la population de la France, et que Votre Majesté l'a jugé elle-même. Le gouvernement aura tant de surveillans, que la responsabilité des ministres deviendrait illusoire, si trop d'agens subalternes la partageaient avec eux. Des ministres qui voient et font tout par eux-mêmes, sont moins exposés à être trompés ; et, comme ils sont plus en garde sur les abus de l'autorité, ils sont aussi plus à l'abri des attaques inconsidérées des membres des deux Chambres.

Telles sont, Sire, les vues générales sur lesquelles j'ai cru pouvoir fixer l'attention de Votre Majesté. Le trône que vous occupez est entouré d'écueils; la vigueur et la fermeté peuvent seules vous y maintenir. Vous avez pour vous l'amour de vos peuples ; mais vous avez aussi des ennemis habiles qui ne manqueront aucune occasion de vous en susciter d'autres. Les Français peuvent se reposer sur vos lumières, sur votre prudence, sur votre sagacité ; mais ils connaissent votre cœur, et votre cœur ne compromettra plus sans doute et leur repos et votre autorité. Henri IV pardonna aux ligueurs, rendit Mayenne un sujet fidèle ; mais Henri IV punit Biron : il fut clément et ferme tout à la fois. Vous l'avez pris pour modèle, Sire ; comme lui, vous sauverez la France; comme lui, vous lui rendrez son éclat et sa prospérité.

www.ingramcontent.com/pod-product-compliance
Ingram Content Group UK Ltd.
Pitfield, Milton Keynes, MK11 3LW, UK
UKHW021909260726
13966UKWH00006B/1297